Die Überwindung des Menschseins

Nach der Heilmethode von Prof. Pilzbarth

Jürg Willi und
Margaretha Dubach

Walter

JÜRG WILLI, emer. Professor für Psychiatrie und Psychotherapie, verfaßte den Text.
MARGARETHA DUBACH, Objektkünstlerin, gestaltete die Abbildungen, die Ausstellung im Musée bizarre.
Beide leben in Zürich.

Begleitbuch zu den Ausstellungen von Margaretha Dubach und Jürg Willi:

Die totale Heilmethode von Professor Pilzbarth
        Medizinhistorisches Museum der Universität Zürich 1994/95
        Lindauer Psychotherapiewochen 1995
        Natur-Museum Luzern 1997
        Rheinisches Landesmuseum Bonn 1997

Die sonderbaren Badekuren von Professor Pilzbarth
Musée bizarre bei Baden in der Schweiz, Trägerschaft M. Dubach und J. Willi
www.musee-bizarre.ch

Professor Pilzbarth wird in folgenden Lexika als Stichwort abgehandelt:

Enzyklopädie Philosophie und Wissenschaftstheorie
        Hrsg. von Jürgen Mittelstrass, Band 3, 1995

Neue Deutsche Biographie
        Hrsg. von der Historischen Kommission bei der Bayerischen Akademie
        der Wissenschaften, Dunker & Humblot, Berlin 2001

Die Deutsche Bibliothek – CIP-Einheitsaufnahme
Ein Titeldatensatz für diese Publikation ist bei
der Deutschen Bibliothek erhältlich.

© 2003 Patmos Verlag GmbH & Co KG
Walter Verlag, Düsseldorf und Zürich
Alle Rechte vorbehalten
Umschlaggestaltung: Hauptmann und Kampa, CH-Zürich
Druck und Bindung: Druckerei Theiss GmbH, A-9431 St. Stefan
ISBN 3-530-42169-3
www.patmos.de

INHALT

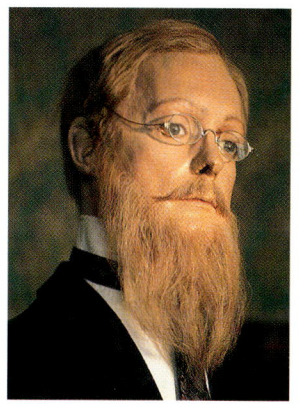

Prof. Jakob Pilzbarth in den besten
Jahren seines Wirkens.
Porträtbüste aus dem Musée bizarre.

1. Jakob Pilzbarth:
Die Wiederentdeckung eines totgesagten Genies

Gegen Ende des 19. Jahrhunderts entwickelte Prof. Jakob
Pilzbarth die epochale Idee, daß die Medizin ihr Gebastel endlich einstellen solle, beschränke sich ihre Kunst doch lediglich
auf das Reparieren von Krankheiten und Defekten. Das Un-
behagen des Menschen in seinem Körper zeige sich im Bestreben, dauernd an sich etwas verändern zu wollen, sei es,
daß die Nase zu groß ist, die Brüste zu klein, die Ohren zu
abstehend oder der Penis zu kurz. Was der Mensch wirklich zu
seinem Heil brauche, sei die Überwindung des Menschseins
und das Voranschreiten ins nächste Stadium der Evolution. Die
Konstruktion des Menschen ist – so Pilzbarth – rettungslos ver-
altet. Sowohl körperlich als auch geistig sei er so unzurei-
chend ausgestattet, daß an eine zufriedenstellende Anpassung
an die veränderte Umwelt nicht mehr zu denken sei. Zwar
lägen heute gewisse Voraussetzungen vor, um den Menschen
mit genetischen Manipulationen zu verändern, aber die
Fantasien der Forscher reichten dabei nicht über kleine
Veränderungen des Bestehenden hinaus. Pilzbarth dagegen
hatte den Schlüssel zu einer revolutionären Erfindung, welche
den Neubeginn der Weltgeschichte festschreiben sollte: Er
eröffnete dem Menschen die Möglichkeit, selbst über die ihm
entsprechende Gestalt zu entscheiden. Der Mensch sollte sich
nicht mehr von der Natur seinen Körper und seine psychische
Konstitution aufzwingen lassen, er sollte nicht mehr fremdbe-
stimmt sein, nein, endlich und erstmalig in der Phylogenese
waren die Voraussetzungen zur echten Selbstverwirklichung
geschaffen: Jeder ist Schöpfer seiner selbst, jeder verfügt über

die Fähigkeit, der zu werden, der er ist. In diesem Buch soll dargestellt werden, wie Pilzbarth sich daranmachte, diese Idee in die Tat umzusetzen, aber auch, wie die verständnislose Gesellschaft ihm das Handwerk legte. Damit war die einmalige Chance der Schweiz, zum Zentrum einer neuen Welt zu werden, vertan.

Ausgelöst durch das Erscheinen der Erstausgabe »Die Überwindung des Menschseins nach der Heilmethode von Professor Pilzbarth« im Jahre 1994 kam es zu einer erfreulichen Entfaltung der Pilzbarth-Forschung, durch welche wichtige Lücken in unseren Kenntnissen geschlossen werden konnten, sich aber auch gewisse Korrekturen aufdrängten. Es wurden frühere Publikationen über das Werk Pilzbarths entdeckt, und neue kamen hinzu. Wir verweisen besonders auf die fundierte Abhandlung über Pilzbarth in der „Enzyklopädie Philosophie und Wissenschaftstheorie", Band 3, S. 251–252.

Die wichtigste Korrektur ist, daß Pilzbarth nicht in der Kuranstalt Girenbad wirkte, wie wir in der ersten Ausgabe noch gemeint hatten, sondern in der nicht weit von Zürich gelegenen Bäderstadt Baden. Das erfuhr ich erst im Zusammenhang mit einem 1998 veranstalteten Familientreffen, zu dem auch die fünfundneunzigjährige Großtante Marie-Luise, eine Schwester meiner verstorbenen Großmutter, erschien. Ich nutzte dieses Treffen, um in einer Festrede über unsere Pilzbarth-Forschungen zu berichten. Wenige Tage danach erhielt ich einen Brief dieser Tante, in welchem sie mir berichtete, mit Pilzbarth habe es eine ganz andere Bewandtnis, als ich vorgetragen hatte. Ihr Bruder Eberhard, von dem ich nie etwas gehört hatte, habe sich nämlich in jugendlichem Übermut einer Kur bei Pilzbarth unterzogen, die in einer Bäderklinik in Baden stattfand. Er habe sich dabei zu einem Ameisenbär permutieren lassen, sei dann aber anläßlich der behördlichen Schließung der Anstalt als Metamorphyt in eine Irrenanstalt gebracht worden. Dort sei er in Vergessenheit geraten, weil die Familie sich seiner schämte und seine Existenz mit eisernem Schweigen belegte. Sie sei die einzige geblieben, die von ihm gewußt habe. Jetzt sei sie erleichtert, von diesem sorgsam gehüteten Geheimnis befreit zu sein. Vier Tage später starb sie.

Ich machte mich nun daran, anhand der uns zur Verfügung stehenden Dokumente herauszufinden, um welche Kuranstalt in Baden es sich dabei hätte handeln können. Die auf den Fotos sichtbaren Details würden am ehesten zum Römerbad passen, einem der ältesten Bäder Badens, dessen heutiges Gebäude im 18. Jahrhundert errichtet wurde. Offensichtlich entsprach der Geist von Baden dem Wirken Pilzbarths in besonderer Weise. Baden hatte eine große Ausstrahlung auf die Gäste, die von weither angereist kamen. Schon früh war nämlich erfaßt worden, daß die Heilkraft des Wassers nicht nur der Heilung von Krankheiten dient, sondern weit mehr noch der Stärkung der Gesundheit. Dazu genügte es nicht, den Körper dem Wasser auszusetzen, vielmehr bedurfte es zusätzlich der mit dem Baden verbundenen Erheiterungen und Vergnügungen, was Menschen beiderlei Geschlechts, insbesondere aus dem sittenstrengen Zürich, gesundheitlich zu nutzen wußten. Dieses umfassende Konzept erst machte das Baden zu jenem Jungbrunnen, der die Gäste gestärkt an ihren häuslichen Herd zurückkehren ließ. Prof. Pilzbarth fühlte sich vom ganzheitlichen Verständnis der Gesundheit, das er in Baden vorfand, persönlich angesprochen und sah darin die besten Voraussetzungen für die Verwirklichung seiner totalen Heilmethode.

Die neuen Erkenntnisse über den Wirkungsort Pilzbarths ändern nun allerdings wenig an unseren ursprünglichen Entdeckungen seines Werkes, das mir bei der Räumung des Hauses meiner Großmutter in die Hände gefallen war. Wir sehen in der Veröffentlichung von Pilzbarths Werk nicht nur die Rehabilitierung eines zu Unrecht verfemten Forschers. Die Dokumente belegen vielmehr, daß Pilzbarth seiner Zeit weit voraus war und in seinem Bestreben, dem Menschen zu seinem eigentlichen Sein und Werden zu verhelfen, Ergebnisse erzielt hatte, die bis heute unerreicht geblieben sind. Wohl sind derzeit viele Gruppen auf der Suche nach Selbstverwirklichung und Bewußtseinserweiterung, aber nie wieder waren Menschen so nah an den Übertritt ins posthominide Zeitalter vorgedrungen. Vielleicht ist in der bisherigen Geschichte aber auch noch nie ein erfolgversprechendes Experiment mit solchem Unverstand durch Gesellschaft und Behörden zerstört worden. Die vorliegende Dokumentation möchte am Beispiel Pilzbarths darlegen, wie die wirklich großen Ideen von Zeitgenossen oft verkannt und bekämpft werden, sich aber trotzdem nicht unterdrücken lassen.

2. Pilzbarths Hauptwerk:
»Die Überwindung des Menschseins
durch Anthropolyse«

Im Jahr 1900, an der Schwelle des letzten Jahrhunderts einer
zweitausendjährigen Geschichte christlicher Erlösungshoff-
nung, veröffentlichte Pilzbarth das Werk, in welchem er auf
über dreihundert Seiten sein Denken umfassend darstellte. Er
befand sich damals nach seiner Vertreibung aus Wien bei seinen Eltern in der Bodenseegemeinde Ermatingen im beruflichen Exil. Es war eine Zeit des Überdenkens und Innehal-
tens, aber auch des Sammelns neuer Kräfte zu einem fundier-
ten und reiferen Verwirklichen seiner Aufgabe. Seine Schrift
ist nicht immer leicht zu verstehen, so daß wir hier zunächst
mit einem zusammenfassenden Überblick zum Einstieg in sein
Denken verhelfen möchten.
Pilzbarth war betroffen von Aussagen mancher Dichter und
Denker, die den Menschen als einen Unfall in der Entwick-
lungsgeschichte bezeichnen. Ist doch der Mensch ewig zum
Leiden an seiner Mangelhaftigkeit verdammt: Halb dem tierischen, halb dem göttlichen Bereich zugehörig, doch in beiden
widerstreitend, ist er zu Höherem berufen und doch seinen
körperlichen Defekten und Schwächen ausgeliefert – ein
unglückliches, in sich zerrissenes und unharmonisches Wesen.
Doch das war nicht immer so und brauchte auch nicht so zu
bleiben. Auf seinen Reisen zu den Wilden in Afrika konnte sich
Pilzbarth überzeugen, daß der Mensch sehr wohl im Einklang
mit der Natur, mit sich selbst und seinem Stamm zu leben vermag, solange er auf primitiver Stufe bleibt. Die Tragik des zivi-
lisierten Menschen ist, daß er sich eine veränderte Umwelt
geschaffen hat, die der menschlichen Natur davongelaufen ist,
eine Umwelt, an die er sich heute nicht mehr anzupassen vermag, weil seine Seele nicht mehr mitkommt. Heute wird in der
medizinischen Forschung etwa bereits mit der Idee gelieb-
äugelt, geweberverträgliche Computer zu bauen, die direkt ans
Hirn angeschlossen werden können. Da die Nahrungsauf-
nahme besonders bei Frauen immer mehr zu unüberwind-
lichen Problemen führt, müßte Energie nicht mehr durch den
lästigen und unappetitlichen Kau- und Verdauungstrakt ge-
wonnen werden, sondern es könnte Augennetzhaut auf den
Kopf aufplantiert werden, durch die das Licht als Energie-
träger absorbiert würde.
Gerade an solchen Projekten wird klar, wie wichtig es heute
ist, den viel radikaleren und ganzheitlichen Ansatz Pilzbarths
zur Kenntnis zu nehmen. Eine Fortentwicklung des Menschen

kann nämlich nicht gelingen durch bloße technische Nachbesserung einiger instrumenteller Unvollkommenheiten. Das posthominide Wesen muß morphologisch so konstruiert werden, daß seine Gestalt mit seinen geistigen Kapazitäten weiter Schritt halten kann. Sicher befindet sich die Medizin aber auf einem Irrweg, wenn sie glaubt, die körperlichen und seelischen Defekte reparieren oder ersetzen zu können, ohne sich grundsätzlich mit der Fehlkonstruktion des heutigen Menschen auseinanderzusetzen.

Die Menschheit muß sich mit vereinten Kräften um den Zugang zur nächsten Entwicklungsstufe bemühen. Seit Darwin wissen wir, daß der Mensch sich nicht grundlegend von anderen Tieren unterscheidet, sondern aus der gemeinsamen Stammesgeschichte aller Lebewesen hervorgegangen ist. Der Mensch ist Träger der Baupläne der ganzen Schöpfungsgeschichte und kann in der Entwicklung nur weiterkommen, wenn es ihm gelingt, diese Pläne aus dem Unterbewußtsein zu heben und der eigenen Gestaltung zugänglich zu machen. Das sollte dem Menschen möglich sein, durchschreitet er doch in seiner embryonalen Entwicklung die sich über Millionen Jahre hinziehende Stammesgeschichte im Zeitraffertempo. Dabei bildet er etwa Kiemen als Atmungsorgane seiner im Wasser lebenden Vorfahren, deren Vollentwicklung er dann wiederum aufgibt, weil er als Mensch für diese keine Verwendung findet. Eine ähnliche Wiederholung der Stammesgeschichte findet sich im psychischen Bereich. Die seelische Entwicklung beginnt bereits im Uterus, wo der Fötus im Fruchtwasser schwimmt und dabei das Stadium der Fische erlebt. Nach der Geburt erwirbt er sich die Erfahrungen eines kriechenden und vierbeinigen Lebewesens.

Will der Mensch ins posthominide Stadium fortschreiten, so muß er zunächst den menschlichen Hochmut ablegen und die Demut aufbringen, seine tierische Grundstruktur anzuerkennen. Er muß sich bewußt öffnen der Gefräßigkeit des Wolfs, der Dummheit des Esels, der Geilheit des Bocks und der Unflätigkeit des Schweins. Wenn man bedenkt, wie riesig der evolutionäre Abstand vom Stein zur Pflanze ist – von unbelebter zu belebter Natur –, so ist im Vergleich der Abstand zwischen Wurm und Mensch geradezu lächerlich klein. Die Überheblichkeit des Menschen zeigt sich bereits in der Sprache, wenn er Lebewesen, die unseren vollen Respekt verdienen, als Schädlinge oder Ungeziefer bezeichnet. Ohne die damit verbundene Artendiskriminierung zu beachten, glaubt er, das selbstverständliche Recht zu haben, sie zu vernichten.

Pilzbarth war überzeugt, daß erst durch das Aufdecken der verborgenen Prinzipien der Evolutionsgeschichte dem Menschen der Übertritt ins posthominide Stadium gelingen könnte. Durch ein Zurückschreiten in alle Stadien der Stammesgeschichte bis zu den Ursprüngen des Lebens und anschließendes Anlaufnehmen durch die Stufen der Einzeller, Würmer, Fische, Reptilien, Vögel und Säugetiere zu den niederen und höheren Affen könnte dem Menschen der Sprung ins posthominide Stadium gelingen.

Nun wird natürlich vorschnell der Einwand angeführt, eine morphologische Veränderung des erwachsenen Menschen in phylogenetisch einfachere Stufen sei nicht möglich. Wissen wir das so sicher? Wurde das je ernsthaft versucht? So fragte sich Pilzbarth. Wenn wir bedenken, daß sich in den Mythen und Sagen die tiefsten menschlichen Erfahrungen niederschlagen, so sollten uns die vielfachen Berichte über Menschen zu denken geben, die in Tiere verwandelt wurden. Und wie kamen diese Verwandlungen zustande? Oft waren die Ursachen göttliche Strafen für Lästerungen oder andere Untaten, wie auf Flugblättern aus dem 17. und 18. Jahrhundert berichtet wird. Aus Pilzbarths Sammlung von Affenmißgeburten, Menschen mit Widderhörnern, Wolfsfellen und anderem mehr sei hier nur der in ein Schwein verwandelte polnische Edelmann von 1701 aufgeführt, der zu Zeiten einer überreichen Getreideernte grausam wider Gott gelästert hat, lieber werde er sein Getreide den Schweinen geben als wohlfeil den bedürftigen Leuten. Zur Strafe dafür wurde er in ein Schwein verwandelt, behielt aber sein Angesicht, damit ihn jeder erkennen konnte. Man schrieb die Verwandlung von Menschen in Tiere auch Hexen oder Zauberern zu, die deswegen verfolgt und mit dem Tode bestraft wurden. Im 19. Jahrhundert, in welchem Pilzbarth geboren wurde, herrschte ein rationalerer Zeitgeist vor. Die Menschen beschäftigten sich mit allerhand Tiermenschen, Kuriositäten und Anomalien, welche die Fantasie beflügelten. Es wurde vermutet, es handle sich dabei um die fehlenden Glieder zwischen Tier und Mensch. Die Ursache ihrer Entstehung wurde nicht mehr magisch gedeutet, sondern mit Schockerlebnissen begründet, welche Mütter während der Schwangerschaft erfahren hatten. So berichtet Lionel der Löwenmensch, daß seine Mutter während der Schwangerschaft in Rußland Augenzeugin war, wie der Vater von einem Löwen in Stücke gerissen wurde. 1886 erschien im hochangesehenen »British Medical Journal« eine ausführliche Beschreibung mit Fotografien von John Merrick, »The Elephant Man«, dessen elefantenartigen Haut- und Knochenveränderungen zwar als Papillomatosen und Exostosen diagnostiziert wurden, ohne daß jedoch eine Erklärung für das Ausmaß dieser elefantenartigen Veränderungen gegeben werden konn-

Besonders beeindruckte den jungen Jakob Pilzbarth die Abbildung eines polnischen Edelmannes von 1701, der in ein Schwein verwandelt wurde, weil er zu Zeiten überreicher Getreideernte wider Gott gelästert hatte mit den Worten, lieber werde er sein Getreide den Schweinen vorsetzen, als es wohlfeil bedürftigen Leuten anzubieten. Kaum waren ihm diese Worte über die Lippen gekommen, als seine Verwandlung einsetzte. Ganz Schwein geworden, behielt er aber sein menschliches Antlitz, damit ihn jeder erkennen konnte.

te. Diese wurde dann von Merricks Mutter beigebracht, nämlich daß sie kurz vor der Geburt von einem Elefanten im Zirkus
niedergeschlagen worden war.

Für Pilzbarth enthielten all diese Berichte den übereinstim-
menden Hinweis, daß starke geistige Kräfte offensichtlich in
der Lage sind, beim Menschen morphologische Veränderungen
zu tierischen Stadien zu bewirken. Die Frage war nur: Wie
können die psychischen Kräfte so intensiv gebündelt werden,
daß dieser Wandel absichtlich herbeigeführt werden kann?
Oder gibt es vielleicht Menschen, die für diesen Wandel eine
besondere Bereitschaft und Ansprechbarkeit aufweisen?

Pilzbarth zeigte ein besonderes Interesse für alle Menschen
mit angeborenen Mißbildungen, denen er einen speziellen Zugang zu den tief in uns schlummernden phylogenetischen
Bauplänen zumaß. Denken wir dabei etwa an Besonderheiten,
deren Bezeichnung bereits die nahe Verwandtschaft zu be-
stimmten Tieren aufweist wie Hasenscharten, Wolfsrachen
oder fischschuppenartige Hautveränderungen, Ichthyosis ge-
nannt. Pilzbarth entwickelte die Theorie, daß Menschen für
jene Stadien der Evolution eine besondere Offenheit aufweisen, die sie in ihrer Stammesgeschichte nicht ausreichend gelebt, die sie zu vermeiden oder zu überspringen versucht
haben. Jene Stadien jedoch, die voll entwickelt worden waren,
versanken offensichtlich in das tiefe Vergessen des Unbewußten und blieben nur schwer einer bewußten Erforschung
zugänglich.

3. Pionierzeit in Wien – Sigmund Freud als Verräter

Jakob Pilzbarth wurde 1844 in Ermatingen am Bodensee als
Sohn eines Fischers geboren. Er war ein begabter Schüler
und verbrachte während des Medizinstudiums einige Jahre in
Wien, wo er dem dortigen Physiologen Brücke so positiv auf-
fiel, daß dieser ihm nach Abschluß des Studiums eine Stelle
anbot. Schon als Student war Pilzbarth fasziniert von der Zur-
schaustellung menschlicher Abnormitäten in Veltées Stadt-
panoptikum und in den Schaubuden des Praters. Viel von sich
reden machten insbesondere die Tiermenschen, so etwa Jo-Jo
der Pudelmensch, Cuckoo das Vogelmädchen, Erika das
Mädchen mit den Mooshaaren, aber auch die Elefanten-,
Fisch- und Schlangenmenschen oder die Froschknaben, Tiger-
grazien und Bärenweiber, die als Launen der Natur bestaunt
12   werden konnten. Pilzbarth sah in diesen Werken aber nicht

das Monströse, sondern die Möglichkeit des Menschen, seine stammesgeschichtliche Isolation gegenüber Tieren und Pflanzen zu durchbrechen. Diese Schauobjekte waren für ihn Menschen, die von der Möglichkeit, in frühere Stadien der Evolution zurückzukehren, zumindest teilweise Gebrauch gemacht hatten. Pilzbarth war in seiner Forschungstätigkeit bei Prof. Brücke sehr angesehen und bei den Mitarbeitern und Studenten beliebt. Brücke interessierte sich für Stammesgeschichte der Arten, sah aber deren Vielfalt nicht in verborgenen Plänen zugrunde gelegt, sondern ausschließlich durch die Einwirkung physikalischer Energien begründet. Pilzbarth experimentierte in seinem Labor mit der elektrophysiologischen Beeinflussung des Wachstums von Hühnerembryonen. Seine eigentlichen Forschungsinteressen gingen jedoch weit über dieses Thema hinaus und ließen sich nicht unter den Rahmenbedingungen eines staatlichen Instituts verfolgen.

Im geheimen hatte er sich mit einer ihm zugetanen Gruppe junger Kollegen der Frage zugewandt, wie der Einfluß geistiger Kräfte auf den Bau und die Funktion des menschlichen Körpers gesteigert werden könnte. Die Gruppe experimentierte mit verschiedenen chemischen, physikalischen und hypnotischen Methoden. Ein erster Erfolg lag vor, als es einem der Mitarbeiter gelang, unter regelmäßigen Alkoholinhalationen seine Nase zu veranlassen, um vier Zentimeter zu wachsen, so daß er mit diesem rüsselartigen Fortsatz eine ausgewachsene Rübe vom Tisch aufgreifen konnte. Bald darauf setzte bei einem anderen unter regelmäßiger tiefer Hypnose ein Längenwachstum der Ohren um sieben Zentimeter ein, so daß es ihm nach eifrigem Training gelang, seine Löffelohren zum Takt eines Metronoms in Wackelbewegungen zu versetzen. Diese ersten Erfolge lösten einen wahren Forschungsrausch aus. Wenn auch die betroffenen Familienangehörigen die Ergebnisse dieser Experimente kaum voll zu würdigen verstanden, so schmälerten sie den Stolz der Forscher nicht, die mit ihren Veränderungen die grundsätzliche Effizienz ihrer Methoden belegen konnten. Weitere Forschungserfolge folgten nun Schlag auf Schlag. Gemäß der stammesgeschichtlichen Erfahrung, daß das Verhalten die Morphologie bestimmt und nicht die Morphologie das Verhalten, konnte einer der Pioniere seine Füße zu Greiforganen umgestalten und eine Verlängerung seiner Zehen erreichen, indem er sich im Park täglich über Stunden von Baum zu Baum schwang und sich dabei ganz in das Leben eines Affen versetzte. Ein anderer brachte es durch tägliche Einnahme von sieben Widderhoden zu würzigem Bocksgeruch, langer zottiger Körperbehaarung und zu Ansätzen einer Hornbildung über beiden Schläfen. So arbeitete der Kreis der zwölf jungen Forscher mit ihrem Meister in aller Stille. Die Jünger waren Pilzbarth blind ergeben und bereit, für ihn zu tun, was immer er ihnen abforderte.

Zu diesem Kreis gehörte damals auch Sigmund Freud, der ebenfalls bei Brücke arbeitete. Freud hatte für den zwölf Jahre älteren Pilzbarth eine große Verehrung und war von seinen Forschungsideen in hohem Maße fasziniert. Während aber die anderen Jünger bereits bleibende Veränderungen ihrer menschlichen Morphologie erarbeitet hatten und untereinander wetteiferten, wer es am weitesten brächte, stand Freud abseits. Er leistete zwar wertvolle Beiträge, indem er die Ängste und inneren Widerstände studierte, mit denen seine Kameraden die Fortschritte der Morpholyse selbst behinderten. Freud war aber schließlich der einzige, der sich zu keinem Experiment zur Verfügung gestellt hatte. Allmählich reagierten die Kameraden ungehalten und begannen, Druck auf Freud auszuüben.

Zu dieser Zeit stand das erste Großexperiment bevor. Unter der Leitung Pilzbarths hatte die Gruppe beschlossen, ihre psychischen Kräfte ganz auf die Rückführung eines ihrer Mitglieder zur Affenstufe zu konzentrieren. Ein halbes Jahr lang sollten sie gemeinsam ihre Vorstellungen ganz auf die erstmalige vollumfängliche Regression eines Menschen in eine prähominide Stufe der Stammesgeschichte ausrichten. Ein jeder hoffte, für dieses Großexperiment ausgewählt zu werden, um damit in die Menschheitsgeschichte einzugehen. Das Los fiel auf Sigmund Freud. Während die anderen Jünger neidvoll schwiegen, wurde Freud, statt stolz aufzujubeln, von Panik ergriffen. Atemlos stammelte er: »Ich muß zuerst Martha fragen, sie muß damit einverstanden sein.« Und als ein Kopfschütteln durch die Runde ging, daß er eine so epochale Entscheidung von seiner Frau abhängig machen wollte, fuhr er fort: »Und überhaupt, solange mir Pilzbarth in diesem Experiment nicht vorangegangen ist, lasse ich nichts an mir verändern!« Diese geschmacklose Bemerkung löste in der Gemeinschaft peinliche Betroffenheit aus, zeigte sich jedoch darin die Anmaßung, sich mit Pilzbarth auf eine Stufe zu stellen. Wenn Pilzbarth sich nicht selbst für dieses Experiment zur Verfügung gestellt hatte, geschah dies selbstverständlich nicht aus Feigheit, sondern weil ihm die Verantwortung zukam, aus einer gewissen Distanz den Überblick über das Geschehen zu bewahren. Nachdem Freud sich trotz wiederholtem Zuspruch weigerte, auf das Experiment einzugehen, sah sich Pilzbarth gezwungen, ihn in einer feierlichen Versammlung aus dem Kreis seiner Jünger auszuschließen. Es wurde Freud der Eid 14 abgenommen, über die Forschungstätigkeit dieses Geheim-

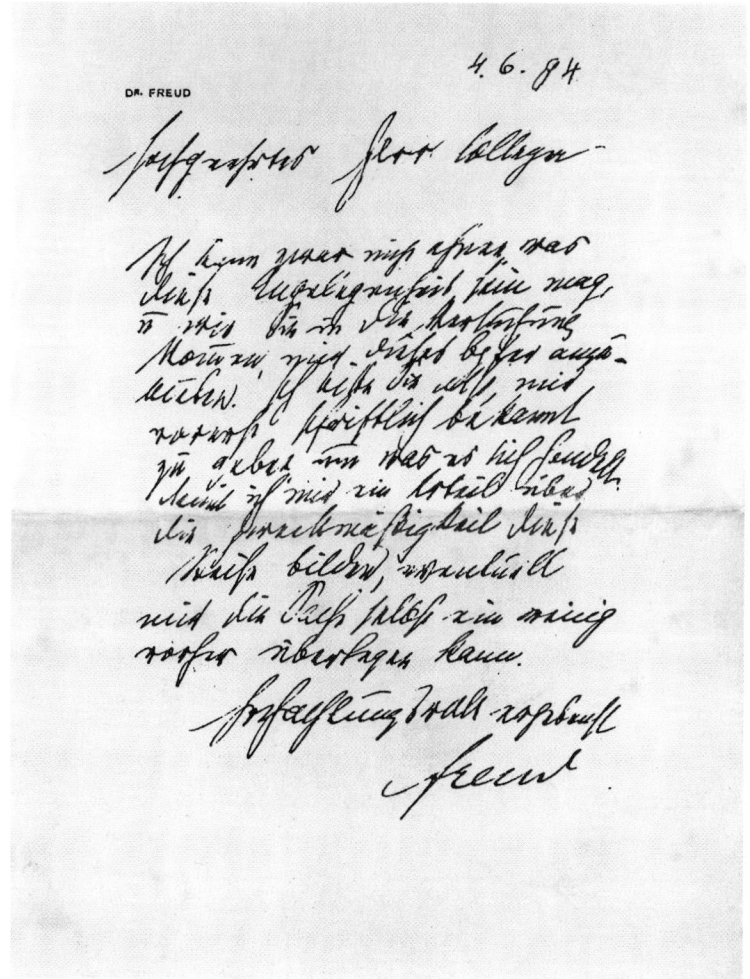

Brief Freuds an Pilzbarth vom 6.1884, in welchem Freud in verklausulierter Form Pilzbarth seine Bedenken darüber äußert, daß gerade er als erstes Opfer zur Rückwandlung zum Affen vorgesehen sein soll. Er stellt die Frage, wie Pilzbarth in die Versuchung kommen könne, sich dieses Opfers anzunehmen. Die Verwandlung wird als Reise bezeichnet. Dieser Brief führte dann zum Ausschluß Freuds aus der Forschergruppe Pilzbarths.

Wortlaut des Briefes:

Hochgeehrter Herr College

Ich kann zwar nicht ahnen, was diese Angelegenheit sein mag, u. wie Sie in die Versuchung kommen, sich dieses Opfers anzunehmen. Ich bitte Sie daher, mir vorerst schriftlich bekannt zu geben, um was es sich handelt, damit ich mir ein Urteil über die Zweckmäßigkeit dieser Reise bilden, eventuell mir die Sache selbst ein wenig vorher überlegen kann.
Hochachtungsvoll ergebenst – Freud

bundes lebenslängliches Stillschweigen zu bewahren. Freud gab daraufhin 1882 auch seine physiologischen Forschungen auf und wandte sich der ärztlichen Praxis zu.

Nach dem schmerzlichen Verlust Sigmund Freuds scharte Pilzbarth seine verunsicherten Jünger um sich und sprach: »Mein Leben habe ich der Überwindung des Menschseins verschrieben. Für diese Idee lebe ich und werde ich sterben.

15

Jeder von euch ist frei, dasselbe zu tun oder zu lassen. Ich verlange nur eins von euch: Ein jeder muß sich jetzt für oder gegen mich entscheiden! Jeder muß wissen, ob er sein Leben der Schaffung eines neuen Menschen widmen will oder ob er sich diesem Auftrag entzieht, sobald es ans Lebendige geht. Ich kann nicht mehr dulden, jemanden in die Geheimnisse unserer Forschung einzuweihen, der sich dann gleich wieder absetzt, sobald echtes Engagement verlangt wird. Und so fordere ich heute jeden auf, mit einem Eid zu beschwören: »Seid ihr bereit, euer Leben in den Dienst unserer Forschung zu stellen?« Die ganze Jüngerschar schrie wie aus einer Kehle: »Wir sind bereit!« Pilzbarth mit erhöhter Zuversicht: »Seid ihr bereit, die Evolution des Menschen voranzutreiben?« – »Wir sind bereit«, schrien die Jünger noch lauter. Pilzbarth, die Steigerung zurückhaltend: »Seid ihr bereit, euch von der menschlichen Zwangskörperschaft zu befreien?« Des uneingeschränkten Beifalls sicher, folgten seine weiteren Fragen:
»Seid ihr bereit, das Menschsein zu überwinden?«
»Seid ihr bereit, euren einmaligen Körper zu erschaffen?«
»Seid ihr bereit, euer Leben in meine Hände zu geben?«
Hingerissen in Ekstase schrien sie alle: »Wir sind bereit, wir sind bereit, wir sind bereit!«
Pilzbarth fuhr fort: »So nehme ich euren Treueschwur entgegen und schwöre euch meinerseits, alles in meinen Kräften Stehende einzusetzen, um die Evolution des Menschen voranzutreiben. Der Eid, der uns verbindet, sei mit unserem Blut besiegelt, denn er wird unser aller Blut fordern.«
Von da an war die Gemeinschaft ein verschworener Bund. Pilzbarth wachte über seine Jünger in strenger Zurückhaltung. Wohl war ihrem Forschungseifer ein gewisser Erfolg beschieden. Dennoch wurde Pilzbarth zunehmend ungeduldig, weil der wirkliche Durchbruch noch nicht im erwarteten Maß gelang und die erreichten morphologischen Veränderungen immer nur einzelne Körperteile umfaßten. Um über die erreichten Ergebnisse hinauszukommen und in die totale Anthropolyse vorzustoßen, bedurfte es offensichtlich eines letzten Einsatzes auf Gedeih und Verderb. So sehr er seine Jünger liebte, er durfte nicht aus falschem Mitleid davor zurückschrecken, ihnen das Äußerste abzufordern. Das gesteckte Ziel ließ sich nur durch restlose Konzentration aller körperlichen und geistigen Kräfte erreichen. Immer wieder mußte er bei seinen Experimenten ärgerlich feststellen, daß seine Jünger vor markanten morphologischen Veränderungen zurückschreckten, und zwar aus Rücksicht auf ihre Attraktivität in der Damenwelt. In verhaltenem Zorn sprach Pilzbarth deshalb zum versammelten Kreis: »Meine Söhne, ich habe euch hierherge-

Pilzbarth mit seinem ersten Jüngerkreis in Wien nach dem Ausscheiden von Sigmund Freud. V.l.n.r.: Samuel Kaminski, Ferdinand Marek, Pilzbarth und Alfred von Landeck. Diese jungen Forscher ließen sich entmannen (natürlich mit Ausnahme Pilzbarths), um ihm damit ihre totale Hingabe an die Anthropolyse zu beweisen. Freud, der diesem Eingriff knapp entronnen war, begründete damit seine Kastrationstheorie. Sie handelt vom Urvater, der seine Söhne entmannt, um sich von ihnen verehren zu lassen und sie zur totalen Identifikation mit seinen Zielen zu bringen.

rufen, um euch mitzuteilen, daß ich mich zum Abbruch unserer Experimente gezwungen sehe. Wohl erkenne ich euer bisheriges Bemühen an, aber um das gesetzte Ziel zu erreichen, braucht es die totale Hingabe, zu der eure gegenwärtige Bereitschaft nicht ausreicht. Man muß wissen, ob man Forscher oder Lebemann sein will, ob man sich ohne Rücksicht auf Verluste in den Dienst der Anthropolyse stellen oder ob man lieber den Weibern nachjagen will. Beides ist nicht möglich. Eure Hingabe und Konzentrationskraft ist für die Anthropolyse zu schwach, und so vertun wir unsere Zeit mit sinnloser Trödelei.« Der Kreis der Jünger war erschlagen. Endlich faßte sich einer und sagte: »Aber Meister, was sollen wir tun?« Als sie ihn bedrängten und bestürmten, antwortete er nach langem Zögern: »Laßt uns in gutem Einvernehmen auseinandergehen, solange unsere Enttäuschung nicht allzu groß ist. Um das Menschsein ganz loszulassen und das Denken total zu reinigen, müßte ein Maß an seelischem und körperlichem Einsatz gefordert werden, den noch nie eine Forschergruppe geleistet hat und den euch zuzumuten ich nicht über mich bringe.«
Einer aus dem Kreis rief: »Meister, meinst du die Reinigung des Geistes durch Entmannung?« Pilzbarth sagte leise: »Du sagst es.« Ein anderer rief: »Ja, wenn's nur das ist, ich bin sofort dazu bereit!« Alle blickten sich im Kreis an, und plötzlich hellten sich die betrübten Gesichter auf, und alle schrien freudeerfüllt: »Wir lassen uns entmannen!« Und so geschah es dann auch – mit Ausnahme von Pilzbarth natürlich, wegen der Wahrung des Überblicks.

17

Sigmund Freud leitete die Psychoanalyse von der Anthro-lyse Pilzbarths her. Wichtige Erfahrungen gewann er in der heimlichen Arbeit mit dem Häschen Hans.

Diese Tat wurde durch die Geliebte eines Jüngers bekannt, die diesen Schritt bedauerte. Es kam zum öffentlichen Skandal. Pilzbarth mußte bei Nacht und Nebel aus Wien fliehen und fand Unterschlupf in seinem Elternhaus am Bodensee. Durch den Kastrationsskandal waren Pilzbarth und seine Jünger erstmals ins Licht der Öffentlichkeit getreten. Die Gazetten berichteten mit lüsternem Entsetzen über diese Forschergruppe, und die Gerüchteküche trug das Ihrige bei, um die verrücktesten Geschichten von ritualisierter Phallusverehrung, Samenkommunion und Blutsbrüderschaft zu kolportieren. Neben jenen, die Pilzbarth mit Hohn und Spott verfolgten, gab es aber auch solche, die von seinem Engagement ergriffen waren. Über ein Jahr hielt sich Pilzbarth still im Unterschlupf bei seinen Eltern auf und arbeitete an seiner Schrift »Die Überwindung des Menschseins durch Anthropolyse«. Als es um ihn herum ruhig geworden war, meldete er sich für den freigewordenen Posten des Badearztes in einer Kuranstalt in Baden.

Sigmund Freud, der seinen Ausschluß aus der Forschergruppe noch nicht verarbeitet hatte und einsam darunter litt, fühlte

sich zunächst erleichtert, so ungeschoren davongekommen zu

sein. Das Thema der Kastration sollte ihn aber fortan nicht mehr zur Ruhe kommen lassen, und erst viele Jahre nach Pilzbarths Ende wagte er, sich mit seinem geistigen Vater in einer Abhandlung über Massenpsychologie auseinanderzusetzen. Sie handelt vom Urvater, der die Horde seiner Söhne entmannt, um sich von ihnen verehren zu lassen und sie zur totalen Identifikation mit seinen Zielen zu bringen. Diese Arbeit löste damals Kopfschütteln aus, denn niemand kannte die wahren Beweggründe Freuds zur Niederschrift dieser Theorie. Doch Freud kam innerlich zeit seines Lebens nicht von Pilzbarth los, obwohl er in seinen Schriften nie direkt auf ihn Bezug nahm. Besonders aufschlußreich ist, was Freud kurz vor seinem Tod, in der letzten Arbeit seines Lebens, »Der Mann Moses«, schreibt. Er zeigt dort auf, daß das psychische Leben des Individuums nicht nur selbsterlebte Inhalte, sondern auch Stücke von phylogenetischer Herkunft, eine archaische Erbschaft aufweise. Deren Bedeutung wird am Ende der Arbeit aber plötzlich wieder negiert, ohne Begründung. Nur wer um Freuds Begegnung mit Pilzbarth weiß, kann verstehen, weshalb die Auseinandersetzung mit dem stammesgeschichtlichen Erbe Freud am Ende seines Lebens noch einmal eingeholt hat. Die Biographen Freuds haben sich bisher darüber keine Gedanken gemacht.

4. Die Kuranstalt Prof. Pilzbarth in Baden

Während seines Ermatinger Exils wurde Pilzbarth von einer Frau, Annamagritta vom Bach, aufgesucht, einer kultivierten Adligen, die in einem Schlößchen ganz in der Nähe ein sorgloses Leben führte. Sie hatte die Schrift »Die Überwindung des Menschseins durch Anthropolyse« gelesen. Sie war künstlerisch begabt und arbeitete mit Pilzbarth eine populärwissenschaftliche Informationsbroschüre über die Anthropolyse aus. Die lebensnahen Bildtafeln sprachen die Leute sehr an, vor allem auch, weil sie offen und ehrlich auf die begrenzten Erfolge, Probleme und Schwierigkeiten der Anthropolyse hinwiesen. Die Broschüre fand damals reißenden Absatz und bewirkte, daß die Kuranstalt schon kurz nach der Übernahme durch Pilzbarth dem Ansturm der Neugierigen kaum standhalten konnte. Gaffer umlagerten die Badehäuser und versteckten sich im Park, um den anthropolytisch bereits Fortgeschrittenen beim Frühturnen oder in der Rekreation zusehen zu können. Doch Pilzbarth erstrebte nicht den Erfolg beim großen Publikum. Um sich der Zudringlichkeit der Leute zu erwehren, 19

Das Empfangskomitee der Kuranstalt Prof. Pilzbarth: Die vier Wärter bereiteten den eintretenden Kandidaten einen warmen Empfang und verstanden es, rasch deren Vertrauen zu gewinnen und jedwede Bedenken gegen die Anthropolyse zu zerstreuen. Rechts außen der Aufseher Göldi, der die Anstalt vor dem Zutritt Unbefugter zu schützen hatte.

zog er sich in den Ostflügel des Hauses zurück, in Gemächer, zu denen Unbefugte keinen Zutritt hatten. Zu Recht vermutete Pilzbarth, daß diese Leute nur die Sensation suchten, aber kaum die Bereitschaft aufbrachten, sich wirklich der Sache hinzugeben. Der Empfang der Gäste wurde von einigen seiner Getreuen aus der Wiener Zeit übernommen, die den Besuchern Ziel und Weg der Anthropolyse erklärten und auf die harten Bedingungen hinwiesen, die jeden erwarteten, der sich an vorderster Front an der Erschaffung posthominider Wesen beteiligen wollte.

Wer ein ernsthaftes Interesse an Anthropolyse anmeldete, mußte sich einem strengen Aufnahmeverfahren unterziehen, bei dem drei Proben zu bestehen waren. Zuerst wurde man für drei Tage auf eine Weide gesperrt, durfte sich fortbewegen nur auf allen vieren und hatte sich von Gras und Kräutern zu ernähren, ohne die Hände, die in Säcke eingebunden waren, zu Hilfe zu nehmen. Die zweite Prüfung hatte mehr meditativen Charakter. Man mußte sich nackt in einen Sarg legen, der mit brauner Erde voller Regenwürmer angefüllt wurde. Die dritte Probe galt allgemein als die schwierigste. Man wurde nach eigener Wahl mit einer Gruppe von Tieren aus Pilzbarths Zoo in einen Käfig eingeschlossen und bekam die Aufgabe, sich so zu verhalten, daß zumindest eines der Tiere auf einen erotisch ansprach. Von dieser Prüfung waren viele Kandidaten und insbesondere Kandidatinnen überfordert. Jene, die die Proben bestanden, durchliefen dabei jedoch einen tiefen Sinneswandel. Sie wurden sich des unberechtigten menschlichen Stolzes bewußt. Wohl lieben wir die Tiere, aber immer im Bewußtsein, selbst etwas Besonderes und Besseres zu sein. Diese Proben jedoch forderten den Kandidaten die Bereitschaft ab, allen menschlichen Hochmut abzulegen und sich dem Urgrund aller Kreatur zu öffnen. Je höher die Anforderungen dieser Proben gestellt wurden, desto größer wurde der Andrang von Kandidaten.

Wer diese Prüfung bestanden hatte, wurde zum Kandidaten zweiter Klasse befördert und durfte sich auf die erste Begegnung mit Pilzbarth vorbereiten. Pilzbarth empfing den Kandidaten in seinem Ordinationszimmer. Man mußte sich ihm direkt gegenübersetzen und ihm in die Augen blicken. Pilzbarth sprach ca. zehn Minuten lang kein Wort. Schweigend bohrte sich sein Blick in die Augen, es war, als könne Pilzbarth durch einen hindurchblicken. Dieser Blick, der zuerst Furcht und Beklemmung auslöste, durchströmte den Kandidaten bald mit einem nie zuvor erfahrenen Gefühl von Liebe. Es war, als fiele das Eigenbewußtsein von ihm ab, als höbe er in einen Schwebezustand jenseits von Raum und Zeit ab, jenseits aller menschlichen Einschränkungen, Sorgen und kleinlichen Nöte. War Pilzbarths Blick zunächst schwer auszuhalten, so fühlte sich der Kandidat nun plötzlich vom eigenen Ich befreit und von Pilzbarth getragen. Nach langem Schweigen sagte Pilzbarth einen ganz persönlichen Leitspruch, den der Kandidat zum Beginn der Anthropolyse meditieren sollte. Ein Schullehrer bekam das Wort: »Wer den Kopf hoch trägt, muß sich tiefer bücken, um die Schnecke zu küssen.« Ein Professor hatte zu meditieren über: »Der Geist weht im Winde, aber der Kot bildet die Erde, die uns nährt.« Einer Dame aus bester Familie stellte er die Frage: »Spinnst du?« Etwas unsicher verneinte sie. Pilzbarth schickte sie fort mit den Worten: »Dann versuche zu spinnen wie die Spinne, und wenn du es kannst, kehr wieder zurück.«

Die Leute ließen sich durch Pilzbarths gelegentliche Grobheiten nicht abschrecken, sondern wollten im Gegenteil beweisen, daß sie zum Letzten bereit waren. Die fast süchtige Gier nach Pilzbarth Führung hatte sich nicht nur unter den Ungebildeten breitgemacht, nein, Bankleute, Friseure und Professorenfrauen stellten die bevorzugte Klientel des großen Meisters dar. Sie fanden bei Pilzbarth jene geistige Nahrung, die sie bisher vermißt hatten. Sie fühlten sich von seinem Gedankenfluß mitgerissen, auch wenn sie ihn nicht vollkommen verstehen konnten und er keine Diskussion zuließ. Schließlich war ja nicht denkbar, daß eine so große Zahl gebildeter Persönlichkeiten sich seiner Forschung auf Gedeih und Verderb hätte verschreiben können, wenn nicht wirklich etwas

Manche Kandidatinnen waren in Sorge, die Verwandlung könnte ihren Reiz auf die Männerwelt beeinträchtigen. Das große Interesse, welches die männlichen Kandidaten an Fotos bereits verwandelter Damen zeigten, machte ihre Befürchtungen gegenstandslos.

Siegfried Kronenbichler wurde aus dem Heer entlassen, weil sein Aussehen nicht ordonnanzgemäß war. Er überlebte den Krieg.

völlig Neues und historisch Bedeutsames dabei passiert wäre. Alle waren überzeugt, zu den ersten zu gehören, die über die Schwelle eines neuen Zeitalters treten. Dabei wurden ihnen die Augen geöffnet für die Kümmerlichkeit ihres Daseins und für die Notwendigkeit, ein neues Leben als posthominide Wesen zu suchen. Wer sich einmal aus den Fesseln menschlicher Normen befreien konnte, lernte, daß nur er entscheiden kann, welche Kreatur seinem wahren Selbst entspricht. Was kann der Mensch über die Gesetze des Lebens wissen, solange er sich der Lebenserfahrung der Tiere verschließt?

Wenn auch Pilzbarth sich den Blicken der Öffentlichkeit zu entziehen trachtete, so verbreitete sich seine Lehre dank dem großen Eifer der Metamorphyten dennoch rasch. Sie veranstalteten Umzüge, in welchen sie mit Stolz bereits erzielte morphologische Teilregressionen demonstrierten. Sicher waren einige der morphologischen Veränderungen noch disharmonisch, dennoch überzeugten sie die Öffentlichkeit von der Echtheit der bereit erreichten geistigen und körperlichen Verwandlungen. Es konnte kein Zweifel bestehen, Pilzbarth war drauf und dran, das große Ziel der Erschaffung posthominider Wesen zu erreichen. Da waren die vorläufigen Unvollkommenheiten kein Anlaß zur Beunruhigung.

5. Die Diagnose der phylogenetischen Regressionskompetenz

Die Zeit des beruflichen Exils im Elternhaus und des Abstands von der alltäglichen und kräftekonsumierenden Tätigkeit in Wien boten Pilzbarth die Gelegenheit, das bisher Erreichte zu sichten, das Fehlgelaufene zu überdenken und die Ziele seiner Forschung genauer zu formulieren. Ernüchtert durch die begrenzten Erfolge bisheriger Versuche, bemühte er sich um ein systematisches Vorgehen. Als erstes mußten die diagnostischen Verfahren verfeinert werden, um die phylogenetische Regressionskompetenz der Kandidaten, aber auch ihre Abwehr der Anthropolyse genauer zu erfassen. Die Ängste und inneren Widerstände waren den Kandidaten oft gar nicht bewußt. Man mußte hinter die Mauern ihrer Wahrnehmung, in die tiefen Schichten der Seele vordringen. Dazu benutzte Pilzbarth das Psychogalvanometer, welches auf der Beobachtung beruhte, daß Reaktionen von Ekel, Peinlichkeit, Scham und Angst die elektrische Leitfähigkeit der Haut verändern. Pilzbarth entdeckte nun, daß, wenn er den Kandidaten Namen von Tieren vorsprach und sie aufforderte, sogleich das ihnen als erstes einfallende Wort auszusprechen, es bei gewissen Tieren zu einer deutlichen Verzögerung der Reaktionsgeschwindigkeit kam, verbunden mit psychogalvanisch veränderten Reaktionen. Pilzbarth arbeitete diesen Test zum phylogenetischen Assoziationsexperiment aus und vermochte sich damit viel diskreter auf die Schwachpunkte und Widerstände der Kandidaten zu zentrieren. Es war nun nicht mehr notwendig, die Kandidaten durch alle Stadien der Phylogenese regredieren zu lassen, was außerordentlich zeit- und kräfteaufwendig war. Die Frage lautete jetzt präziser: Wo bestehen bei einem Kandidaten Lücken in seiner stammesgeschichtlichen Verwirklichung? Wo ist er neurotisch geworden, weil er gewisse Stadien der Entwicklung übersprungen und nicht voll gelebt hat? Hat er das Stadium des Fisches vermieden, fehlt ihm die Grundgeborgenheit; ein mangelhaftes Reptiliendasein führt zu sexuellen Hemmungen; unzureichendes Leben als Eule hinterläßt einen blockierten Zugang zu den Schattenseiten des Daseins. Die Anthropolyse nahm sich nun die Entwicklungslücken vor und konzentrierte sich auf jene Stadien, die nachgeholt und nachgelebt werden mußten. Diese Lücken sind wie

23

die Lecks in einer Druckkammer, durch welche der Dampf unentwegt entweicht. Sie behindern einen Menschen, sein Evolutionspotential so anzureichern, daß er frei über die Baupläne und Lebensmöglichkeiten aller Kreaturen zu verfügen vermag.

Eine vereinfachte Form des Testverfahrens wird als phylogenetischer Regressionstest auf Seite 33 eingehend dargestellt.

6. Die morpholytische Kur

Die eigentliche Anthropolyse konnte nur beginnen, wer die drei Vorprüfungen erfolgreich bestanden hatte und für welchen Pilzbarth mittels seines Testverfahrens ein klares Regressionsziel ausgemacht hatte. Die Postulanten waren für die Zeit der Morpholyse vollkommen von der Außenwelt abgeschirmt. Sie durften nur mit den Wärtern sprechen und weder Briefe schreiben noch empfangen. Die anthropolytische Kur bestand in einer Vorbehandlung und einer Hauptbehandlung. In der Vorbehandlung wurden die geistigen und physischen Energien auf das Regressionsziel zentriert. Die Kandidaten mußten sich zuerst mental mit dem angestrebten Tier vertraut machen. Dazu verhalfen ihnen Übungen mit lebenden oder ausgestopften Exemplaren. Um die sinnliche Eigenerfahrung zu intensivieren, zogen sich die Kandidaten Tierhäute an, setzten sich Tierköpfe auf und ahmten Tierbewegungen oder Tierlaute nach. Unterbrochen wurden diese Übungen durch eine Verstandeslockerung mittels Purzelbaum, Überschlag oder Hechtsprung. Alles war darauf angelegt, den Menschendünkel in sich auszurotten. Die Übungen blieben nicht bloße Einbildungen, sondern konnten bereits metabolische Prozesse im Gehirn in Gang setzen und sekundäre morphologische Veränderungen des Gesichts und des ganzen Habitus in die Wege leiten.

Nach monatelanger Vorbehandlung erfolgte die Hauptbehandlung durch Prof. Pilzbarth selbst. Was sich in dieser alles ereignete, wurde nie genauer bekannt, weil die Kandidaten sich in einem Zustand von Dauerhypnose befanden, nach welcher die Erinnerung an das Geschehene wie ausgelöscht war. Die Kandidaten hielten sich in einem Sondertrakt der Kuranstalt auf, waren in Einzelzellen isoliert, deren Wände bemalt waren mit Landschaften, die dem Biotop des anvisierten Tierstadiums entsprachen, also etwa die freie Wildbahn, der Meeresgrund oder ein Kuhstall. Als Schlafstätte diente beispielsweise eine Höhle, ein vom Boden abgehobenes

Krähennest oder ein Stroh-
lager. Pilzbarth hatte eine spe-
zielle Behandlungstechnik aus
einer Kombination von elek-
trischer Faradisation und Tiefenhypnose entwickelt. Die
Kandidaten mußten sich, nur
leicht mit Hemd und Beinklei-
dern bedeckt, auf einen Hok-
ker setzen. Die bloßen Füße
wurden auf eine große plat-
tenförmige Kathode in einer
mit lauwarmem Wasser gefüll-
ten Schüssel gestellt. Die
Anode war von der angefeuch-
teten Hand Pilzbarths gebil-
det, der die Elektrode mit der
anderen Hand hielt und den Strom durch den eigenen Körper
hindurchgehen ließ. Mit der Technik der faradischen Hand
berührte Pilzbarth sukzessive Körperteile, bei welchen ein
spezifisches Umwachsen anvisiert wurde. Gleichzeitig versetzte er den Kandidaten in Trance. Die von Pilzbarth aufgewen-
dete äußerste Konzentration zehrte an seinen Kräften und
erschöpfte ihn stark, so daß er für das fortgeschrittene Stadium der Behandlung eher den faradischen Pinsel benutzte,
um den Strom nicht dauernd durch sich selbst fließen lassen
zu müssen. Unter den zur Elektrobehandlung gesprochenen
Suggestionen setzten bei den Kandidaten erste Verformungen
ein, vor allem an Nase und Ohren, gefolgt von Veränderungen
der Körperbehaarung sowie der Hände und Füße. Über Details
des Behandlungsprozesses und dessen Wirkungen drang kaum
etwas nach außen. Die Kandidaten erwachten am Ende der
Séance ohne genaue Erinnerungen wie aus einem tiefen,
traumlosen Schlaf. Wir wissen, daß Pilzbarth mit Anthropolyse
grundsätzlich jede morphologische Veränderung erzielen
konnte, wenn der Kandidat sie nicht selbst durch Widerstand
behinderte. Konnte eine vollkommene Angleichung an das
anvisierte Tierstadium nicht erreicht werden, sprach Pilzbarth
den Kandidaten ins Gewissen und warf ihnen mit derben
Worten vor, sich noch nicht völlig von ihrem Ego verabschiedet
zu haben.
Nachdem Pilzbarth den morpholytischen Prozeß eingeleitet
hatte, betraten die Kandidaten und Kandidatinnen das Bad der
Wandlung. Die einen setzten sich in stromdurchflutete Bäder,
bei anderen löste sich unter der Wirkung von Säuren und Heil-
essenzen der Kopf in Schaum auf, wieder andere wählten den

inneren Weg durch Inhalation von Karbid. Alle aber verweilten ruhig in der Meditation des an den Wänden angebrachten Leitsatzes: Menschsein ganz gleichgültig, stirb und werde!

Hatten die Kandidaten die Verhaftung im Menschsein aufgegeben, löste sich ihre Gestalt auf, um sich alsbald neu auszukristallisieren, jetzt in die Form, auf die sie sich mental vorbereitet hatten. Endlich gelang es, äußere Gestalt und inneres Selbst zu völliger Übereinstimmung zu bringen. So wurde jeder zum Schöpfer seiner selbst; der Kreativität waren keine Grenzen gesetzt.

Nicht verschwiegen werden soll, daß es auch zu Zwischenfällen kam. Immer mal wieder fühlten sich Kandidaten in den tierischen Vorstadien so wohl, daß sie sich weigerten, diese wieder zu verlassen. Manche schienen das eigentliche Ziel der Kur aus den Augen verloren zu haben. Handelte es sich zunächst um Einzelfälle, die sich unter dem geduldigen Zuspruch des Meisters dann doch wieder vorantreiben ließen, so kamen bald auch Fälle vor, die sich jedem Lockruf Pilzbarths widersetzten und selig lächelnd auf der Stufe des Seehundes, der Kröte oder des Schweins verharrten. Dem konnte man nicht untätig zusehen. Im Labor wurden diese Fälle einer Sonderbehandlung unterzogen. Oberpfleger Schmutz pumpte sie per Klistier mit einer gehörigen Portion Morpholysin voll, während Pfleger Lüthy mittels Narkose den mentalen Widerstand brach. Besonders renitente Fälle kamen in die Wiederaufbereitungskammer, zu welcher der Zutritt strengstens verboten war. So liegen über die dort angewandten Methoden leider keine Informationen vor.

7. C. G. Jungs Malheur

Pilzbarths Werk »Die Überwindung des Menschseins durch Anthropolyse« hatte gleich nach seinem Erscheinen im Jahr 1900 das besondere Interesse von C. G. Jung gefunden, der damals als Sekundararzt an der Kantonalen Irrenanstalt Burghölzli in Zürich tätig war. Es entwickelte sich ein reger wissenschaftlicher Austausch. Jung durfte Pilzbarth auf seiner ersten Forschungsreise nach Kenia begleiten. Sie arbeiteten gemeinsam das phylogenetische Regressionsexperiment aus. Im Unterschied zu Sigmund Freud fühlte sich Jung unbefriedigt, weil ihm die Eigenerfahrung in der Anthropolyse fehlte und somit die Grundlage für eine kreative Forschungstätigkeit. Besorgt um seinen Ruf als Oberarzt am Burghölzli wollte er den Kontakt zu Pilzbarth geheimhalten. Nachdem er sich überzeugen konnte, daß die Experimente in einem von Gaffern durch eine dichte Hecke abgeschirmten großen Innenhof durchgeführt wurden, begab er sich in seinen Ferien nur mit Wissen seiner Frau nach Baden und meldete sich zur ersten Probe. Er wählte als Übung den mentalen Wandel zum Stier, gilt dieser doch in der Mythologie als der große Befruchter und Träger der Lebenskraft. Er wurde für drei Tage auf eine Weide gesperrt, mußte sich auf allen vieren bewegen und sich, die Hände in Säcke gebunden, von Gras und Kräutern ernähren. Um die Identifikation mit einem Stier zu verstärken, wurden ihm zusätzlich Hörner aufgesetzt. C. G. Jung verlor bald seine anfänglichen Bedenken und versenkte sich ganz in das Seelenleben eines Stiers. Nachts träumt er lebhaft von verführerischen Kühen und war selbst überrascht, wie nahe die Traumbilder des Viehs denjenigen des Menschen standen. Nun geschah aber ein Malheur. Einige Assistenzärzte des Burghölzli nutzten an einem Sonntag die Gelegenheit zu einer Ballonfahrt. Am Morgen stiegen sie in der Allmend Brunau bei Zürich auf. Ein grelles Sonnenlicht ließ das Alpenpanorama in wunderbarsten Farben erstrahlen. Doch schon bald setzte ein heftiger Wind ein, und der Ballon trieb mit rasanter Geschwindigkeit gegen Westen. Der Wind schwoll zum Sturm an, und der Kapitän sah sich genötigt, die Notleine zu ziehen. Das Gas entwich, und der Ballon fiel mit erheblicher Geschwindigkeit zu Boden, wo er hart aufschlug. Als sich die drei Assistenten aus dem Korb befreit hatten und sich zu orientieren begannen, fanden sie sich in einem Geviert wieder, das in eigenartiger Weise von riesigen Hecken umschlossen war. Höchst seltsame Wesen trieben sich da herum. Halbwegs sahen sie aus wie Menschen, einige saßen auf Bäumen, andere lugten aus Höhlen hervor, wieder andere rannten mit Flügelbewegungen im Kreis herum. Nicht wissend, daß es sich um Pilzbarths Kuranstalt handelte, kamen die Assistenten aus dem Staunen nicht heraus. Ganz in der Nähe krabbelte einer auf allen vieren herum mit Kuhhörnern auf dem Kopf und fraß frische Kräuter unter der Hecke hervor. Doch als sie genau hinblickten, traf sie fast der Schlag. Das durfte nicht wahr sein! »Aber wie soll ich das verstehen, das ist ja Dr. Jung, unser verehrter Oberarzt«, rief einer. »Was machen Sie denn hier?« Wegen ihrer Ballonfahrerkostüme hatte Jung die Assistenten zunächst nicht erkannt und ihnen auch sonst keine Beachtung geschenkt. Es entstand eine Situation äußerster Peinlichkeit. Jung rannte auf allen vieren davon und blieb mit abgewandtem Kopf in einer Ecke stehen. Die Assistenten machten sich schleunigst davon. Jung brach die Übung ab und kehrte, ohne sich zu verabschieden, nach Hause zurück. Er konsultierte

Pilzbarth auf einer Forschungsreise zu den Wilden in Afrika (links sein Begleiter C. G. Jung).

dann Sigmund Freud, der ihn in seinem Abfall von Pilzbarth bestärkte, ohne ihm über seine eigenen anthropolytischen Erfahrungen zu berichten. In Dankbarkeit für den väterlichen Rat schloß sich Jung dann Sigmund Freud an, obwohl er geistig Pilzbarth zeitlebens näher blieb. Jung hatte mit Pilzbarth das Assoziationsexperiment mit den psychophysischen Untersuchungen am Galvanometer entwickelt und wandte das Experiment nun zur Ausarbeitung der psychischen Komplexe an, ohne Pilzbarth auch nur mit einem Wort zu erwähnen. Pilzbarths Einfluß zeigte sich bei Jung besonders in der Archetypenlehre. Diese gründet auf der Entdeckung des kollektiven Unbewußten, dem allen Menschen gemeinsamen psychischen Erbe, das sich angereichert hat in einer sich über Millionen von Jahren erstreckenden tierischen und menschlichen Stammesgeschichte. Die Flucht zu Freud brachte Jung keinen Segen. Wenige Jahre später überwarf er sich mit diesem; seinem großen Lehrer Pilzbarth blieb er aber wider Willen zuinnerst treu.

8. Glanz und Niedergang von Pilzbarths Wirken

Pilzbarth hatte eine fast magische Anziehungskraft auf die obere Bildungsschicht, insbesondere auf die sonst so nüchterne Zürcher Bevölkerung. In den literarischen Salons, an den Teevisiten und am Stammtisch war Pilzbarths Wirken das dominierende Gesprächsthema. Fast jeder kannte jemanden, der bruchstückhaft über eigene Erfahrungen mit der Kur im Sanatorium zu berichten wußte.

Bei den Metamorphyten handelte es sich in der Tat um völlig einmalige Exemplare. Niemand hatte je etwas Ähnliches gesehen. Sie wiesen geradezu groteske Kombinationen tierischer und menschlicher Versatzstücke auf. Einige hatten Köpfe, die transparent wie Schweinsblasen waren, da sie das, was sie im Kopf hatten, niemandem verbergen wollten; andere hatten statt Füße hornartige Hacken, mit denen sie sich an Bäume hängten, um die Welt in verschiedenen Perspektiven zu betrachten; wieder andere hatten Doppelköpfe, vorn Jungfrauengesicht, hinten Wolfsfratze, um eine parallel geführte Doppelexistenz leben zu können. Große Diskussionen lösten jene aus, die sich in Kinderwagen herumfahren ließen, so daß man bereits vom Mißbrauch Minderjähriger sprach, bis sich herausstellte, daß es sich um erwachsene Schrumpfwesen handelte, die ihre Selbstfindung in kindlichem Hätscheldasein suchten. Die Metamorphyten kehrten oft in die traute Familie zurück, um dort die Nerven ihrer Angehörigen zu strapazieren. Wo immer sie hinkamen, berichteten sie mit überlegenem Lächeln, daß sie einen vollkommenen inneren und äußeren Wandel vollzogen hätten, dessen Bedeutung die Zuhörer nicht nachzuvoll-

Sektion Argentina/Buenos
Aires der Internationalen
Gesellschaft für Anthropolyse

29

ziehen vermochten. Offensichtlich bedauerten sie jene, die sich weiterhin die Selbstwerdung durch Beibehaltung der menschlichen Gestalt verbauen ließen. Das hinderte sie nicht daran, sich zu Hause wie Schmarotzer aufzuführen. Sie forderten, bedient zu werden, weil die von ihnen verwirklichten Greif- und Kauwerkzeuge für die Bewältigung des banalen Alltagslebens oft wenig taugten. Sie sahen ihre Mission in der provozierenden Ausbeutung der braven Bürger, denen sie damit das Verhaftetsein in Ehrsucht, Besitzdenken und Machtstreben vor Augen hielten. Nachsichtig überließen sie die Bewältigung der täglichen Sorgen anderen, denen das noch wichtig war.

In Anerkennung der besonderen Verdienste zur Klärung der Frage »How to overcome the Human nature« wurde Jakob Pilzbarth der Special Award der American Academy for Human Development verliehen. Das Foto zeigt Pilzbarth bei der Preisverleihung auf dem 43th Congress of the AAHD in Chicago 1901.

Ärgernis erregten auch die öffentlichen Versammlungen der Metamorphyten, an denen sie mit dem Slogan »Menschsein ist ein Mist, drum werde, wer du bist« für die Anthropolyse warben und sich dabei mit ihren kreativen Veränderungen produzierten. Böse Zungen behaupteten, es sei bei den morphologischen Veränderungen mit Moulagen und Attrappen nachgeholfen worden. Mit Sicherheit konnte das nie nachgewiesen werden. In Fachkreisen waren Pilzbarths wissenschaftliche Entdeckungen heftig umstritten. In der Medizinischen Fakultät Zürich hielten ihn die einen für einen eitlen Scharlatan, anderen galt er als nobelpreisverdächtiges Genie. In verschiedenen Weltstädten wurden Anthropolytische Gesellschaften gegründet. Hohe wissenschaftliche Preise wurden Pilzbarth unter anderem in Chicago verliehen.

Immer mehr bildete sich aber auch Widerstand gegen Pilzbarths Wirken. Wo sollte es hinführen, wenn bald jeder das Menschsein aufgeben wollte? Wer sollte da arbeiten, Geld verdienen, die Kinder ernähren? Bereits bahnte sich in der Bevölkerung eine Art Panik an, man könnte am Ende zu den zuletzt verbliebenen Menschen gehören. Es wurde die Anti-Pilzbarth-Partei »Ja zum Menschen« gegründet, die bei den Behörden Klage einreichte. Diese leitete von Amts wegen eine Untersuchung ein. Pilzbarth verweigerte der Polizei zunächst den Zutritt zur Kuranstalt unter Verweis auf die ärztliche Diskretion. Doch als mit Gewalt gedroht wurde, mußte er nachgeben. Die Behörden trafen in der Klinik siebzehn tierartige

An der Medizinischen Fakultät Zürich kam es wegen Pilzbarths Anthro-lyse zu heftigen Kontrover-n. Links Prof. A. Weber, der zbarth als einen Scharlatan zeichnete, dem schleunigst das Handwerk zu legen sei. echts Prof. F. Däumling, ein heftiger Verfechter der ithropolyse. Er empfahl der Fakultät Pilzbarth zur Auf-hahme, nicht zuletzt weil er n ihm einen Kandidaten für en Nobelpreis sah, welcher er Fakultät zur wohlverdien-ten Ehre gereicht hätte.

Wesen an, die allesamt aber noch eine gewisse Ähnlichkeit mit ihrem zivilen Aussehen bewahrt hatten. Sie konnten deshalb auch ohne besondere Schwierigkeiten namentlich identifiziert werden. Unter anderem handelte es sich um Dr. Alfred Mäder im Stadium des Nilpferdes, angetroffen in einer Badewanne, sich jeder Weisung durch bedächtiges Schütteln des Kopfes verweigernd. Ferner Yvette Großmann, angetroffen im Stadium einer Fledermaus, mit dem Kopf nach unten an der Decke hängend, nicht ansprechbar. Dann Markus Wettstein, angetroffen im Stadium eines Marabus, mit Scheitelglatze und langem Schnabel, auf einem Bein stehend, augenscheinlich die Untersuchungsbeamten anlachend. Die siebzehn Fälle wurden in einen Wagen verladen und dem Untersuchungsrichter vorgeführt. Dieser veranlaßte umgehend die Verhaftung Pilzbarths und seiner Mitarbeiter. Die Kuranstalt wurde geschlossen, die Insassen in Irrenanstalten überführt. Über die Presse wurde eine absolute Zensur verfügt, alle Schriften Pilzbarths vernichtet und deren Vertrieb unter strenge Strafe gestellt. Auch die vielen begeisterten Dankesschreiben von Metamorphyten konnten Pilzbarth nicht helfen. Er wurde vom Gericht des Verbrechens gegen die Menschlichkeit für schuldig befunden. Pilzbarth starb nach drei Jahren Gefängnis an Gram und Verbitterung. Sein Tod wurde der Öffentlichkeit nicht zur Kenntnis gebracht, in den Zeitungen erschien kein Nachruf.

So zeigt das Schicksal Pilzbarths, was sich in der Weltgeschichte im-

Karl Stucki, der Begründer der Anti-Pilzbarth-Partei »Ja zum Menschsein«. Seinem Einfluß ist es zuzu-chreiben, daß die Regierung gegen Pilzbarth aktiv wer-den mußte.

31

merzu wiederholt. Das Genie wird verkannt, weil es seiner Zeit voraus ist. Vielleicht ist es das Los der wirklichen Pioniere, für ihre Ideen sterben zu müssen, um sie zu verbreiten. Doch der Lauf der Geschichte läßt sich nicht aufhalten. Sind Menschen einmal im Bann einer Idee, können sie sich davon nicht lösen, auch wenn sie sich von der Person, die ihnen die Augen geöffnet hat, distanzieren oder diese sogar bekämpfen. Die Psychoanalyse Freuds wäre ohne die Anthropolyse Pilzbarths nicht entstanden, genausowenig wie die Archetypenlehre C. G. Jungs. Ohne sich dessen bewußt zu sein, stehen die modernen Bewegungen der Bewußtseinserweiterung und Esoterik in den Fußstapfen Pilzbarths. Sie sind im geistigen Überwinden des Menschseins bereits recht weit gekommen. Ihre Bemühungen tragen jedoch nichts zur wirklichen Harmonie und Zufriedenheit der Menschen bei, solange es ihnen nicht gelingt, die von Pilzbarth propagierte ganzheitliche psychophysische Entwicklung in Gang zu setzen. Hier müßten denn auch die jetzt ziellos herumwerkelnden Gentechniker ansetzen, deren Forschungen ohne Pilzbarths grundlegenden Ansatz zum Verderben der Menschen beitragen werden. Pilzbarths Geist – immer bekämpft, doch nie überwunden – wirkt bis in neueste Zeit weiter, doch die Menschen sind sich dessen nicht bewußt!

Die eben erschienene Briefmarke mit dem Porträt Pilzbarths mußte vom Eidg. Postamt schleunigst aus de Verkehr gezogen werden, al die Kuranstalt überraschenc geschlossen wurde. Es sind nur noch ganz wenige Exem plare erhalten, die unter Freunden zu über Fr. 100 00 gehandelt werden.

Diese Kommission wurde vc den Behörden ausgesandt, um die Kuranstalt in Augenschein zu nehmen.
V.l.n.r.: Adolf Wolf, Landwir Vreni Füglistaler, Fürsorgerir Dr. Frank, Bankdirektor; Fräulein Pfarrer Herzog und Schwester Rösli Moser.
Die Mitglieder sollten sich um einen unscheinbaren Auftritt bemühen. Um den Kontakt mit den Metamorphyten herzustellen, brachte sie Kuchen und Blumen mit.

9. Der phylogenetische Regressionstest

Mit dem phylogenetischen Regressionstest konnte Prof. Pilzbarth herausfinden, zu welcher tierischen Erfahrung sich jemand besonders hingezogen fühlt und welcher er sich verschließt. Die auf den Testkarten abgebildeten Damen und Herren haben bestimmte Stufen tierischer Lebensart besonders intensiv gelebt, eine Erfahrung, die sich in ihren Gesichtszügen abzeichnet. Die Testperson wird nun je nach persönlicher Einstellung gegenüber einigen der abgebildeten Damen und Herren eine besondere Sympathie oder eine besondere Antipathie empfinden. Daran läßt sich erfassen, wo die Testperson über eine besondere Regressionskompetenz für eine bestimmte Tierart verfügt bzw. wo sie Lücken in der persönlichen Stammesgeschichte aufweist, weil sie gewisse Stufen zu überspringen oder zu vermeiden trachtete. Um die Chance für den Wandel zum posthominiden Wesen zu erhöhen, muß man einerseits die Lücken in der persönlichen Stammesgeschichte aufarbeiten und gleichzeitig die speziellen Kompetenzen für bestimmte tierische Lebewesen nutzen. Es wird den Leserinnen und Lesern hier die Möglichkeit geboten, die Kurzform dieses Testverfahrens selbst durchzuführen und auszuwerten. Sie werden danach wissen, welche tierischen Erfahrungen sich in ihrem Charakter besonders niedergeschlagen haben und welche tierischen Verwirklichungen sie nachholen sollen, wenn Sie den Sprung in das posthominide Zeitalter anstreben.

Liebe Leserin, lieber Leser,
betrachten Sie die Fotos auf der nächsten Seite und testen Sie sich selbst:

1   2   3   4

5   6   7   8

Testbilder für weibliche Kandidaten: Abbildungen 1–8

Wer ist Ihnen am sympathischsten?
Wer ist Ihnen am wenigsten sympathisch?

9 10 11 12

13 14 15 16

Testbilder für männliche Kandidaten: Abbildungen 9–16

Wer ist Ihnen am sympathischsten?
Wer ist Ihnen am wenigsten sympathisch?

Beantworten Sie folgende Fragen:

☐ Mein Geschlecht ist männlich

☐ Mein Geschlecht ist weiblich

Sind Sie eine Frau, so haben Sie die acht weiblichen
Testbilder angesehen und tragen Ihre Antwort ein:

Am sympathischsten ist mir, von Nr. 1–8 ☐

Am wenigsten sympathisch ist mir, von Nr. 1–8 ☐

Sind Sie ein Mann, so haben Sie die acht männlichen Testbilder angesehen und tragen Ihre Antwort ein:

Am sympathischsten ist mir, von Nr. 9–16 ☐

Am wenigsten sympathisch ist mir, von Nr. 9–16 ☐

Nun können Sie Ihr Testergebnis mit Hilfe der untenstehenden Anweisungen selbst auswerten.

Testauswertung:
Am sympathischsten ist mir Nr. ☐
Diese Nummer entspricht dem Tier . . . (siehe Auswertungstafel). Die Ihnen besonders sympathische Person auf
der Testtafel hat den Anteil dieses Tieres in ihrer Stammesgeschichte sehr intensiv gelebt, genauso wie Sie. Wir gratulieren Ihnen dazu. Aus der untenstehenden Auswertungstafel können Sie ersehen, auf welche Charaktereigenschaften sich Ihre Verwandtschaft mit dieser Tiergattung
begründet.

Am wenigsten sympathisch ist mir Nr. ☐
Diese Nummer entspricht dem Tier . . . (siehe Auswertungstafel). Die Ihnen wenig sympathische Person hat in ihrer
phylogenetischen Vorgeschichte den Anteil dieses Tieres mit
besonderer Intensität gelebt, während Sie diese polygeneti-
sche Stufe möglichst zu vermeiden trachteten. Weshalb dieser
Widerstand? Inwiefern wird Ihre persönliche Entwicklung da-
durch behindert? Wir gratulieren Ihnen zum Mut, sich mit dieser für Sie entscheidenden Frage zu konfrontieren. Aus der
untenstehenden Auswertungstafel können Sie ersehen, welche
Charaktereigenschaften in Ihnen unterentwickelt blieben und
36   wo noch Raum für weitere Entwicklungen frei ist.

Auswertungstafel zum phylogenetischen Regressionstest:

Besondere Erfahrung im Leben eines der untenstehenden Tiere ist mit der Entwicklung folgender Eigenschaften verbunden:

1. **Frosch:** ein großer Sänger, lustig, gesellig, angeberisch
2. **Eule:** lebenserfahren, weise, zurückhaltend, eher mißtrauisch
3. **Hecht:** schnell, zupackend, kommt gleich zur Sache, einzelgängerisch
4. **Affe:** schlau, läßt sich nicht in die Karten blicken, legt andere gern aufs Kreuz
5. **Schaf:** naiv, gutgläubig, aufopferungsvoll, anhänglich bis abhängig
6. **Kuh:** häuslich, gutmütig, kocht und ißt gern, steht mit allen vieren auf der Erde
7. **Perlhuhn:** hat Freude an allem Guten und Schönen, meidet das Böse, ist fromm und rein
8. **Henne:** schart gern möglichst viele Küken um sich, setzt sich für andere ein, verliert bei Aufregung rasch den Kopf
9. **Seelöwe:** traditionsverbunden, liebt vornehme Geselligkeit, gutmütig
10. **Riesenschnauzer:** altväterlich, häuslich, treu, leicht zu haben, darf aber nicht gereizt werden
11. **Eichhörnchen:** fröhlich, putzig, unternehmungslustig, Spielernatur, manchmal etwas oberflächlich
12. **Pavian:** rechthaberisch, patriarchalisch, familienbezogen, duldet keinen Widerspruch
13. **Wiesel:** sensibel, aufmerksam, flieht und versteckt sich lieber als zu kämpfen
14. **Ziegenbock:** reizbar, herrisch, stürzt sich in den Kampf, bevor er sich überlegt hat, wozu
15. **Marabu:** weise, philosophisch, still und tiefgründig, von feiner Wesensart
16. **Stier:** vital, manchmal brutal, liebt laute Geselligkeit und deftige Sprüche

Die Anthropolyse

Eine Aufklärungsschrift

von

Annamagritta vom Bach

a) Die Vorbereitungsphase der Anthropolyse

Sie dient dazu, die Kandidaten innerlich auf das Zurückfallen auf ungelebte Tierstufen vorzubereiten. Dazu ist es notwendig, die Verhaftung im Menschsein zu lockern, die Verstandeskräfte durcheinanderzuschütteln und sie zentriert auf das Leben als Tier neu auszukristallisieren.

Morgenritt auf Bubu, dem Nilpferd. Die Kandidaten haben während einiger Tage Gelegenheit, sich in unmittelbarem Hautkontakt mit der Kreatur auf die Anthropolyse einzustimmen.

Bockspringen am Stachelpferd bringt Ablenkung und lockert den Verstand.

41

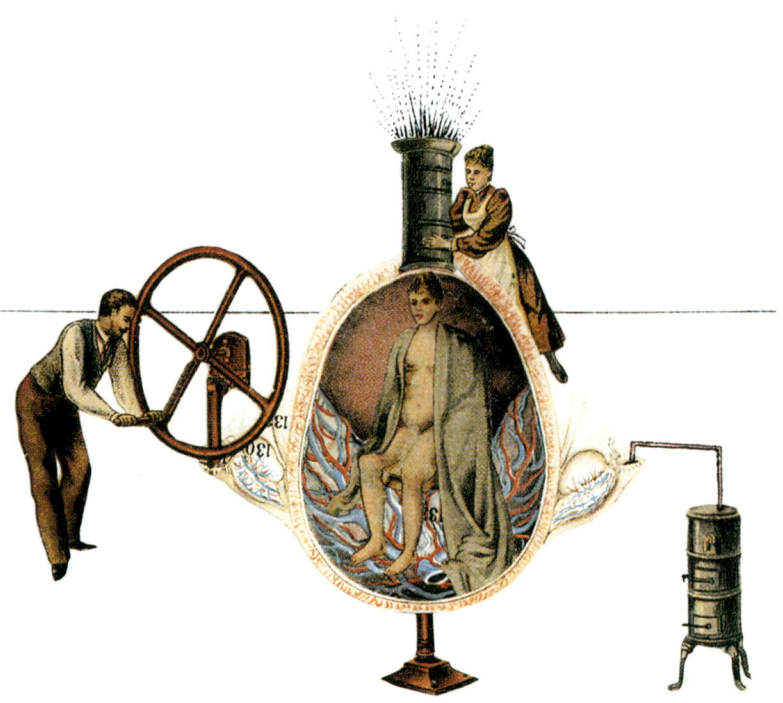

Dieser noch etwas unreife Jungmann hat das Trauma der Geburt noch nicht vollends überwunden. Im Hysterodrom wird die Fixierung an die Mutter vorsichtig gelöst.

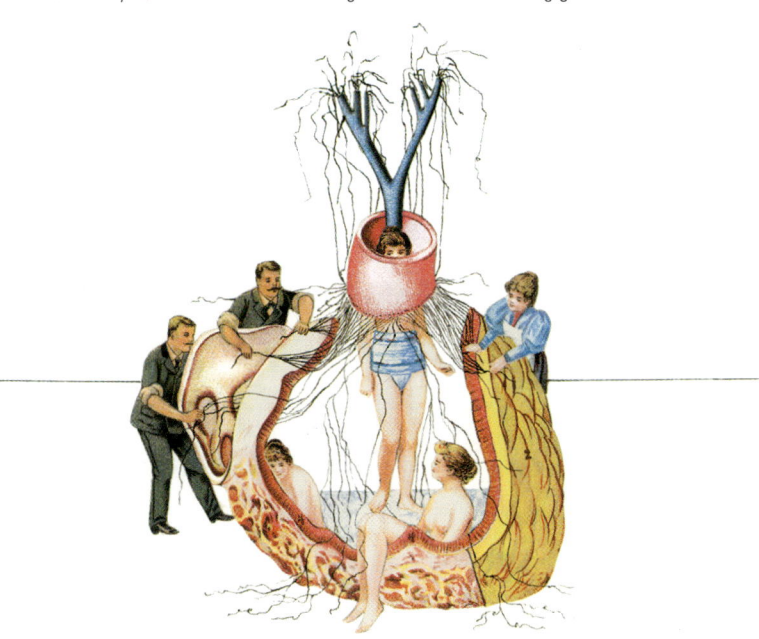

In der Herzkammer: Drei Debütantinnen machen sich mit den Tiefen des Herzens vertraut.

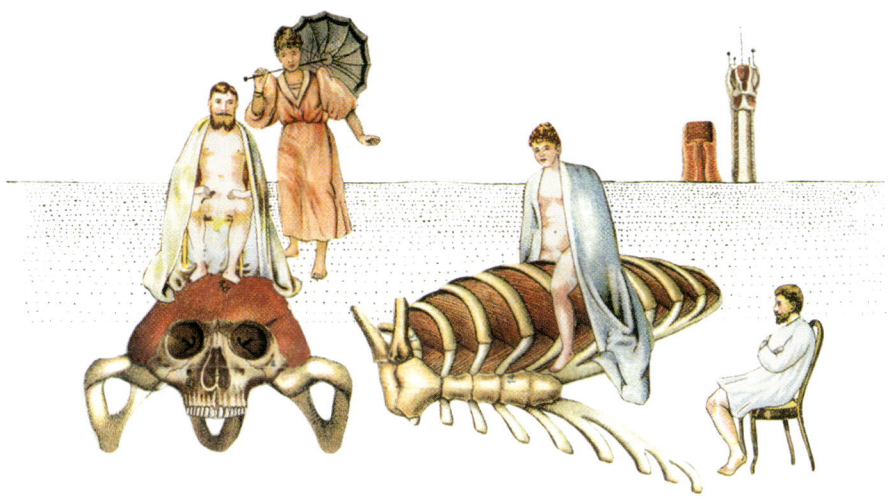

Im Todesgärtchen werden ängstliche Kandidaten unter Aufsicht einer geschulten Kinderschwester ihres bisherigen Daseins entwöhnt. Reiterspiele auf Todesattrappen sind dazu geeignet, Widerstände gegen die Anthropolyse zu beseitigen.

Selbsterfahrungsgruppe beim Vögeln.

b) Behandlungsphase

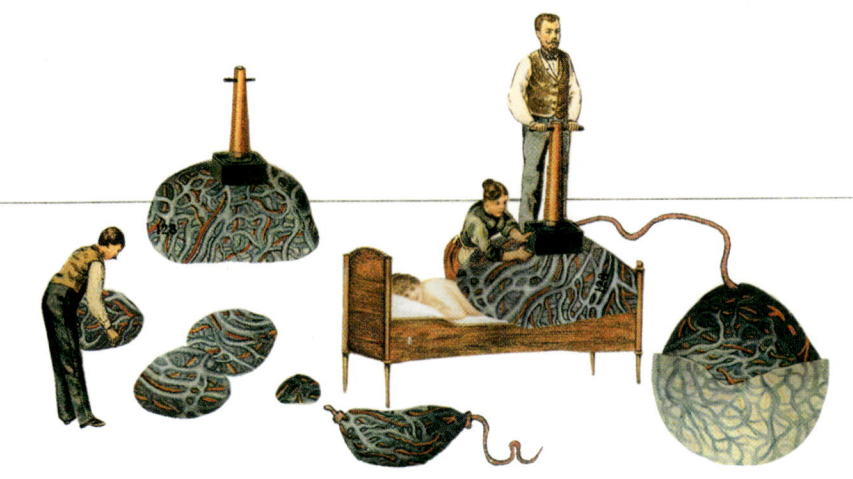

Die eigentliche Behandlung steht unter der persönlichen Leitung von Professor Pilzbarth und zielt auf eine psychophysische Metamorphose. In tiefer Hypnose werden die im Menschen schlummernden phylogenetischen Baupläne reaktiviert. Durch vielfältige chemische und elektrophysiologische Reizungen werden die inneren Wachstumssäfte des Menschen konzentriert. Die Dame hat sich zur Regression auf Elefantenstufe entschlossen. Hier werden ihr die Plazentarsäfte von Elefanten infiltriert.

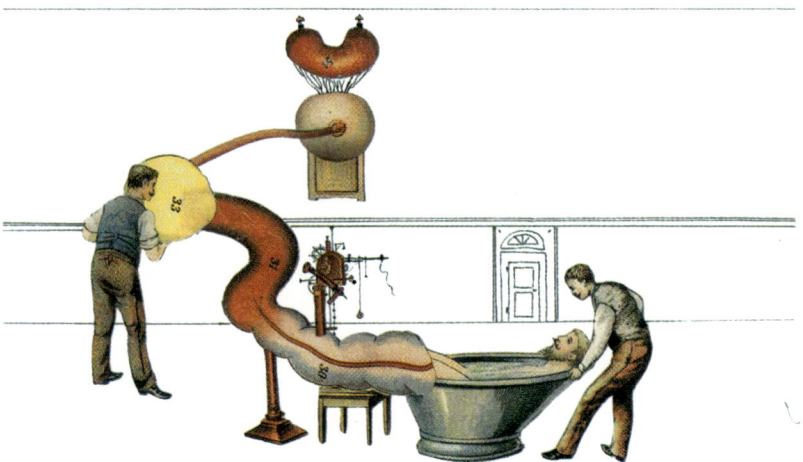

Am Vorabend der Hauptbehandlung wird der Kandidat von den letzten menschlichen Resten entschlackt.

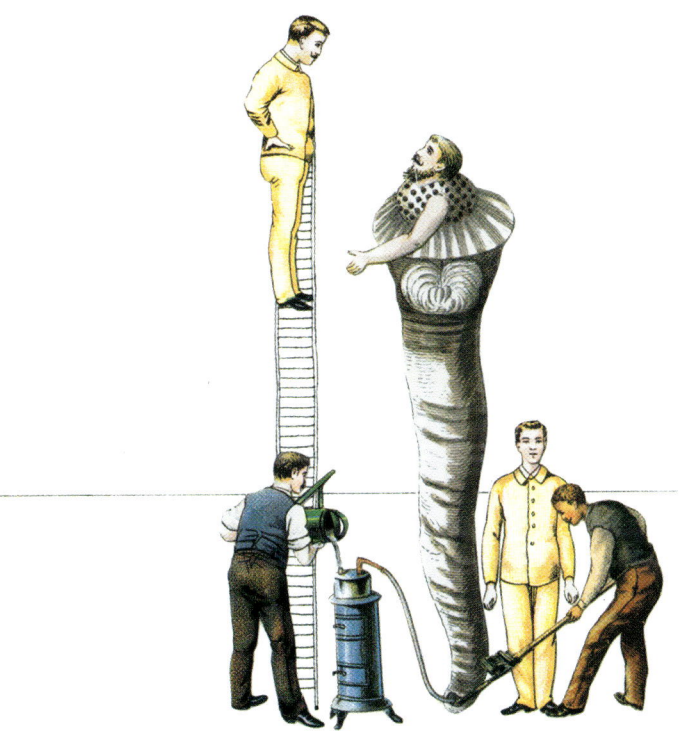

Einleitung der Hauptbehandlung. Der Kandidat wird vom Assistenten in Tiefenhypnose versetzt. Unter dem Leitspruch »Menschsein ganz gleichgültig, stirb und werde!« versinkt der Kandidat in Trance.

Pilzbarth bei der Arbeit am Patienten. Dem Kandidat fiel es zu, sich auf die Stufe des Schlauchpilzes zu transformieren. Unter der jahrelangen geduldigen Bemühung von Professor Pilzbarth waren dem Kandidat erhebliche Fortschritte gelungen. Letzte Hautreste werden von Professor Pilzbarth elektrophysiologisch bearbeitet. Es gilt, Metamorphin, das wichtige Entwicklungselement, an diesen Stellen anzureichern.

Tägliche Morgentoilette; Babette von Hülshoff nach der Verwandlung zum Maulwurf. Liebevoll wird sie von den Wärtern gereinigt.

Nicht verschwiegen werden soll, daß es in der Kur auch schwierige Situationen gibt.Dieser Bankdirektor hat sich auf der Stufe des Walrosses verwirklicht und weigert sich nun hartnäckig, diese wieder zu verlassen. Er wird aber für nächste Woche zur Sitzung des Verwaltungsrates erwartet. »Da ist guter Rat teuer!« bemerken die Gehilfen, bis Obermeister Schmutz, einer Eingebung folgend, zum Gefäß greift und ruft: »Übergießen wir ihn mal mit Wasser, aber rasch!«

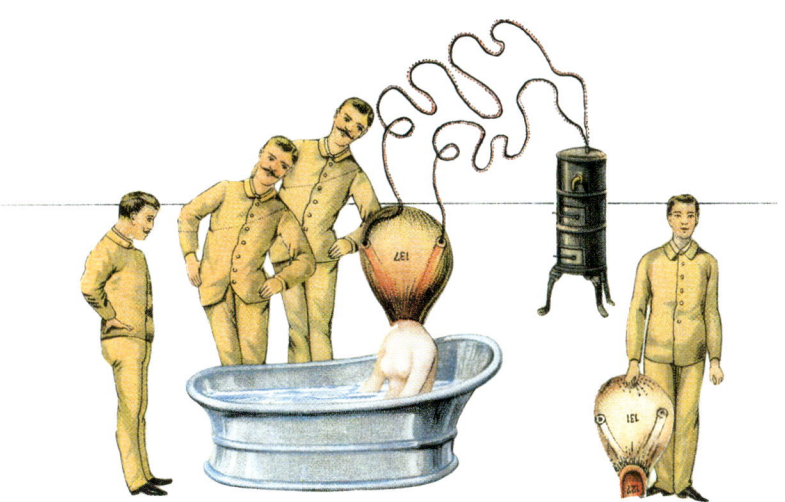

Höchste Aufmerksamkeit wendet Professor Pilzbarth der Ausbildung des Personals zu. Hier üben Schüler mit Manipulierhauben die richtige Montage des Transmutors an weiblichen Kandidaten.

Teevisite in der Kuranstalt; In größeren Abständen können sich die Familienangehörigen selbst von den Fortschritten der Morpholyse ihrer Kinder überzeugen. Hier ergötzt sich die stolze Familie an der ungebändigten Naturgewalt, über die Philipp in seiner jetzigen Durchgangsphase verfügt. Auch wenn sein Patenonkel Franz einiges abbekommen hat, wäre es grundfalsch, Philipp durch Schelte in seinem Wachstum zu entmutigen.

47

Es ist Professor Pilzbarth ein großes Anliegen, der Öffentlichkeit Gelegenheit zu geben, sich selbst ein Bild über die realen Veränderungen der Metamorphyten zu machen. Hier ein Demonstrationszug. Sicher befriedigen die erreichten Ergebnisse noch nicht in jedem Fall. Wenn man jedoch bedenkt, welche sensationellen Veränderungen bei diesen Exemplaren bereits erzielt worden sind, kann man voller Zuversicht weitere Fortschritte erwarten.